CW00855289

Ce livre appartient à :

____

À tous les enfants qui veulent devenir infirmiers/ères et aux professionnels de la santé qui font la différence chaque jour.

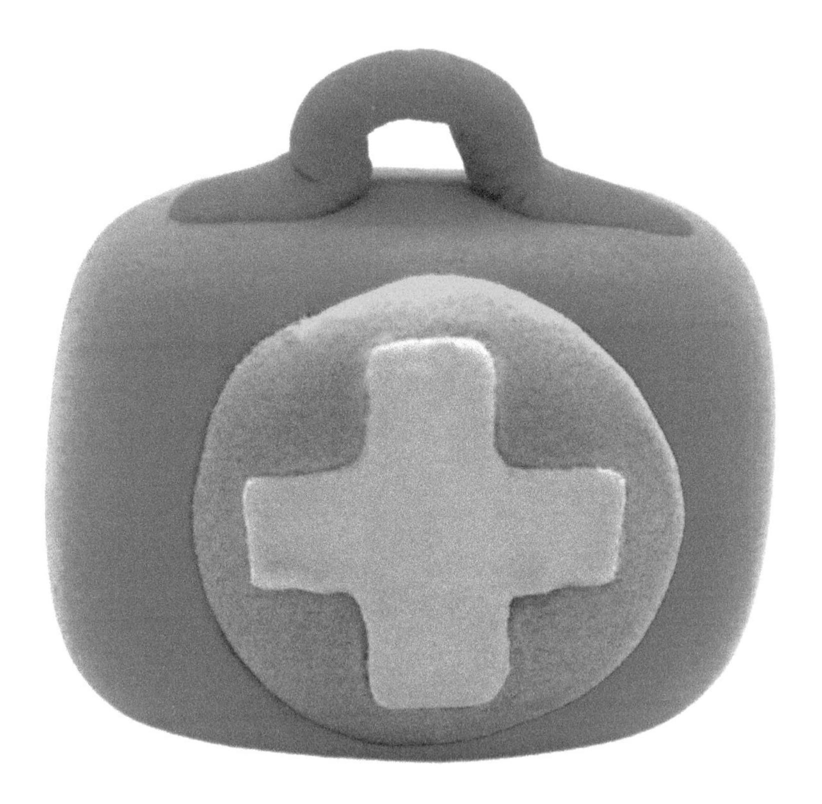

Première édition 2021

ISBN: 978-1-8383542-6-8 / 978-1-915193-22-3

www.MartaAlmansa.com

Un merci tout particulier à Émilie Cossette pour la merveilleuse traduction française. Merci beaucoup à Marine Theiller et Laora Briquet pour la révision du texte.

OURSE
L'INFIRMIÈRE
DONNE LES
PREMIERS
SOINS
MARTA ALMANSA ESTEVA

Bonjour! Je m'appelle Ourse et je suis infirmière.
Je m'occupe des enfants et des plus grands
lorsqu'ils ne se sentent pas bien.

Je travaille dans un hôpital. Les infirmières travaillent
aussi dans des écoles, des ambulances
et même des hélicoptères!

Les infirmières comme moi ne travaillent pas seules.

Cane la Docteure

Tigre le Radiologue

Nous faisons tous partie d'une grande équipe.
Nous sommes tous là pour veiller sur toi!

Guenon la Diététicienne   Lapin le Physiothérapeute

Si tu vois quelqu'un de très malade,

tu peux nous appeler en composant le

____

CHERS ADULTES, VEUILLEZ ÉCRIRE ICI LE NUMÉRO D'APPEL D'URGENCE.

J'ai une urgence.
J'ai besoin d'une ambulance.
Je suis à/au ______________
____

Les infirmières ont de nombreux outils spéciaux pour aider les gens à se sentir mieux.

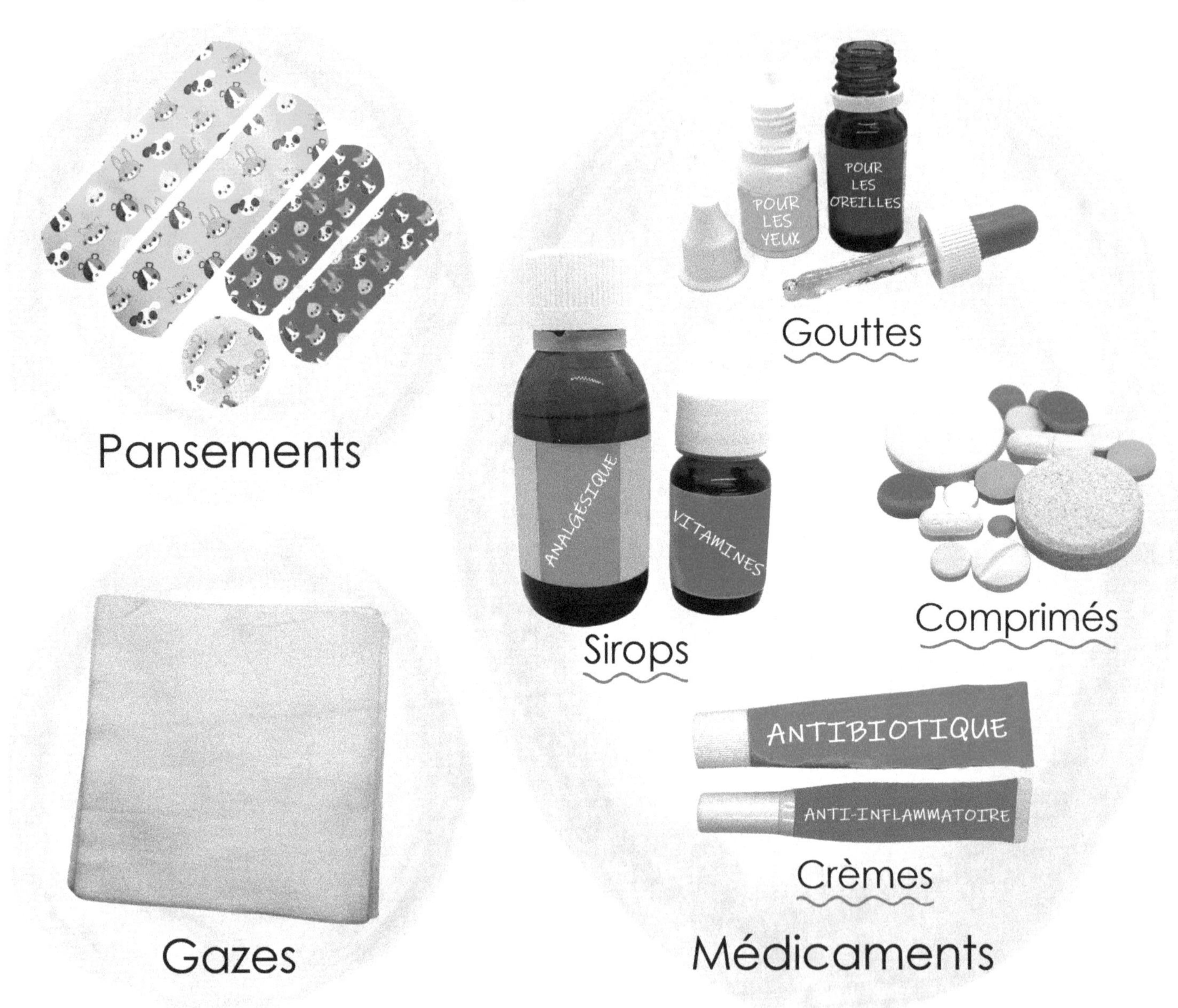

Nous avons des choses comme...

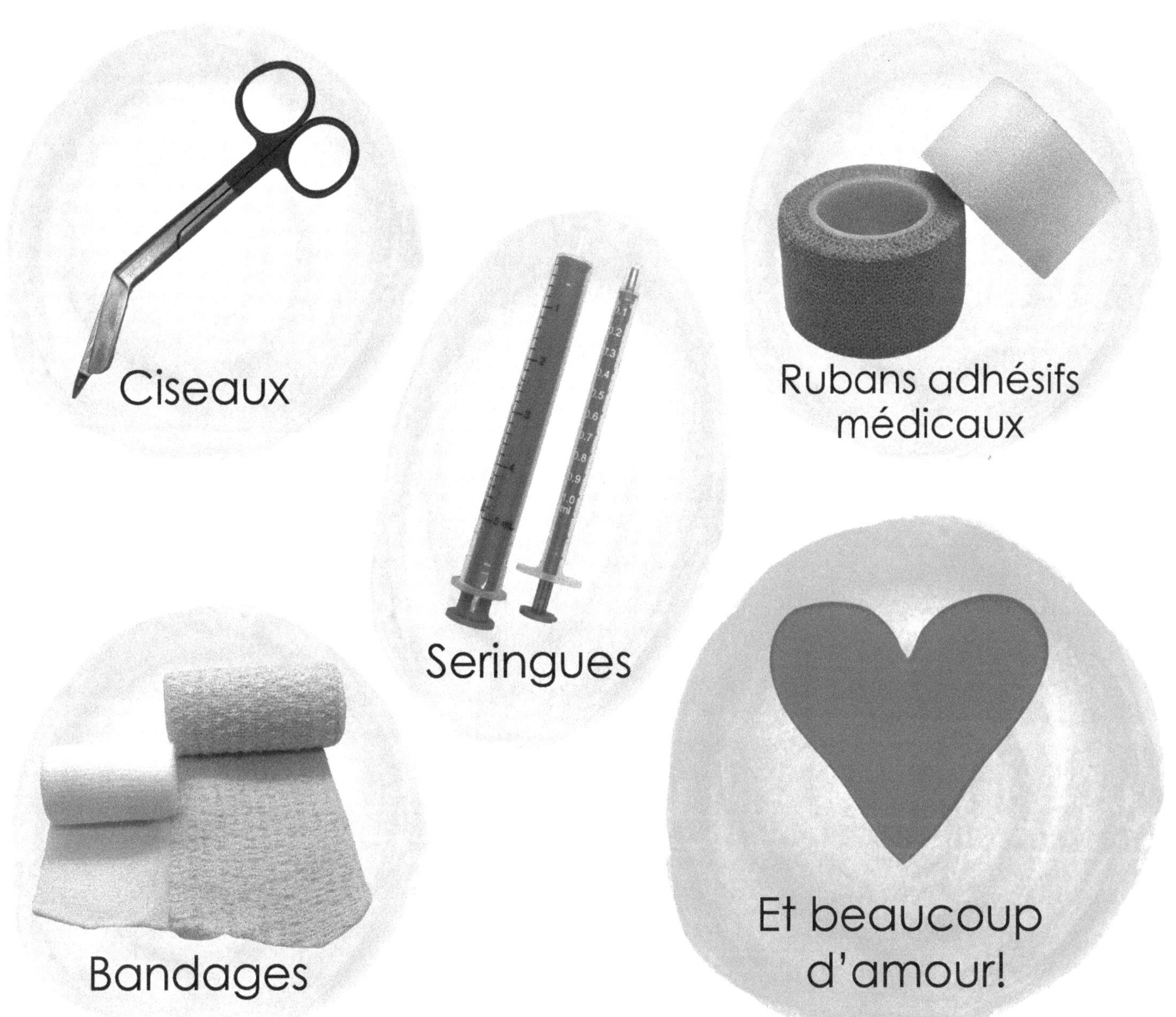

Attendez! Quelqu'un a besoin de mon aide?
Je vais chercher mon sac.
Je suis prête à faire des examens.

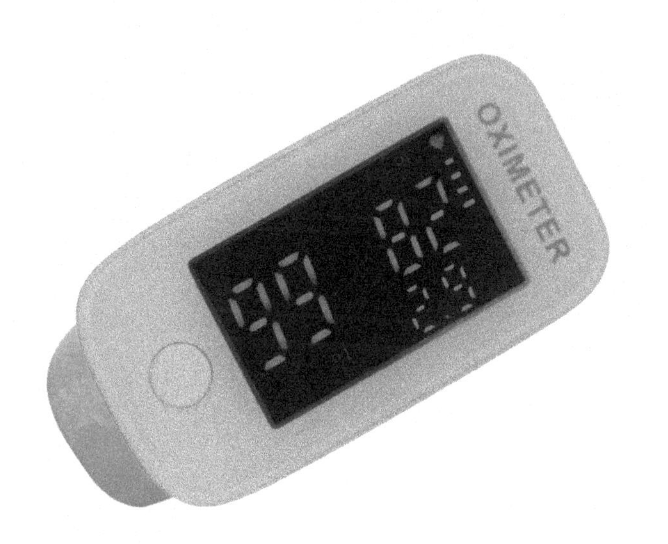

L'oxymètre de pouls a une
lumière rouge magique.
Il m'indique si Chatte
la Chanteuse respire bien.

Son cœur est-il fort?
Le moniteur de tension
artérielle me le montre.

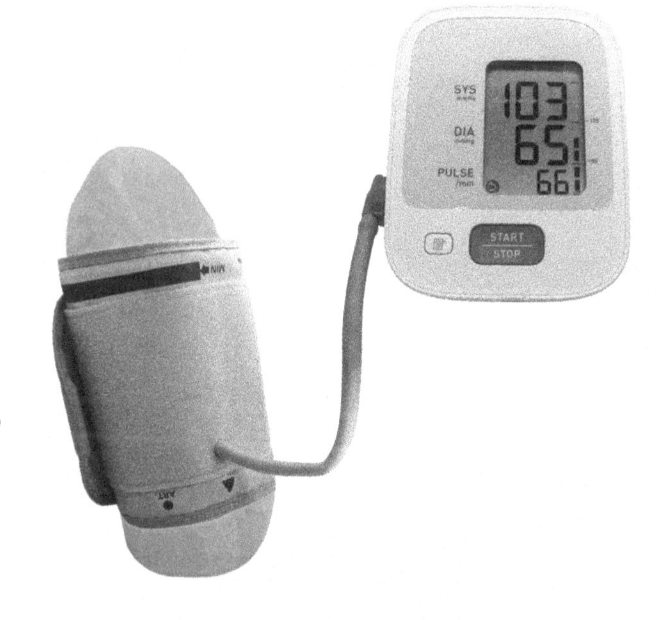

Mon thermomètre
canard m'indique si sa
température est trop
élevée ou trop basse.

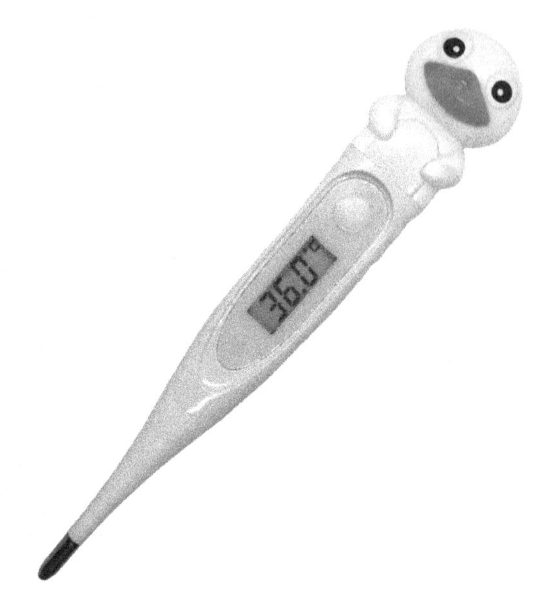

Le stéthoscope me
permet d'entendre tous
les bruits de son corps.

Dès que je sais si Chatte a
un mal de tête ou un mal de ventre,
je sais ce qu'il faut faire.

Tu peux aussi aider tes amis
lorsqu'ils se sentent malades.

Lavons-nous les mains pour éloigner tous les microbes.
De l'eau et du savon suffisent.

Rappelle-toi ces étapes :

De l'eau! Du savon!

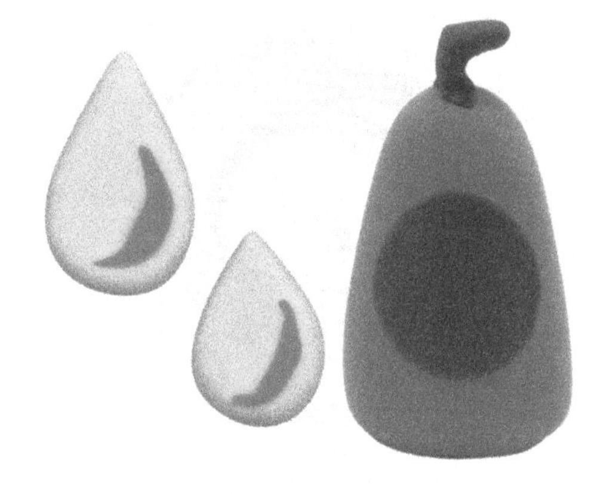

Frotte, frotte, frotte!

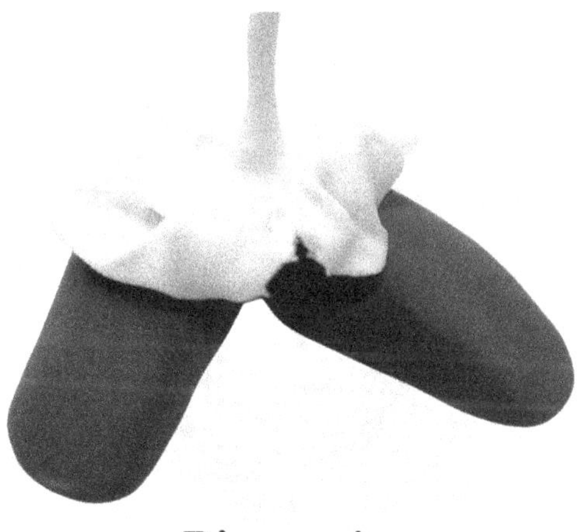

Rince!

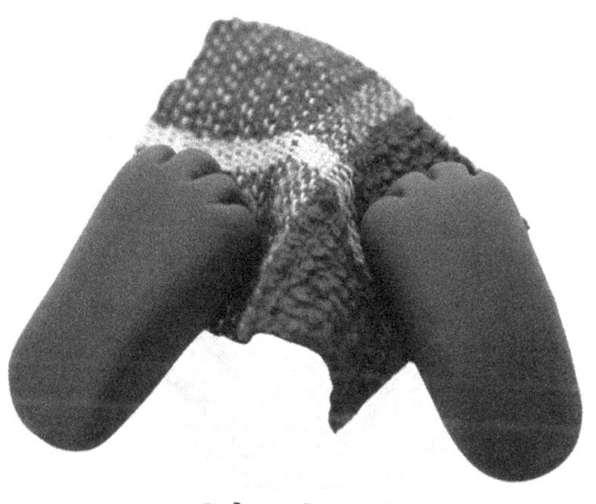

Sèche!

Cochon le Peintre a une petite coupure.
Tu peux l'aider!

D'abord, lave-toi les mains. Ensuite, appuie bien fort sur la coupure.

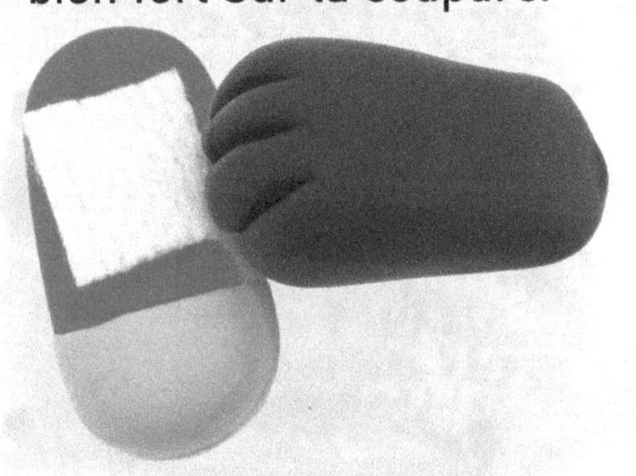

Nettoie-la avec de l'eau. Sèche en tapotant avec une serviette propre.

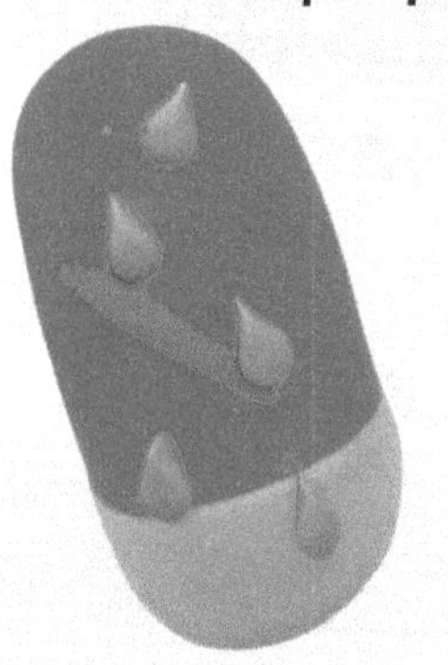

Mets un pansement. Dis-le à une grande personne.

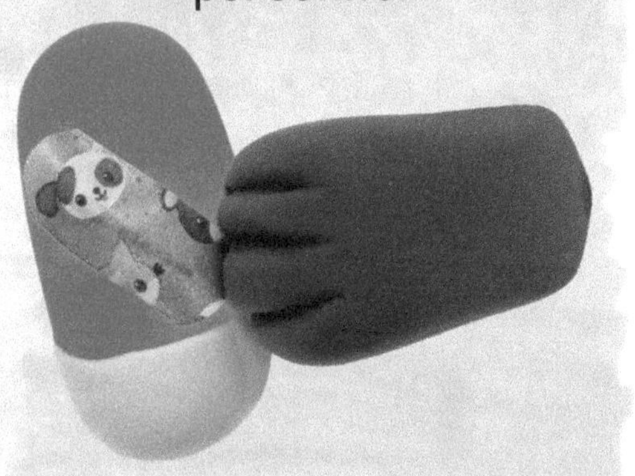

Éléphante la Cheffe cuisinière a une brûlure.
Sa peau est rouge et douloureuse.
Tu peux l'aider!

Maintiens la brûlure sous
l'eau fraîche courante
pendant 20 minutes.

Appelle à l'aide. Puis recouvre-la
de pellicule plastique ou
d'un sac en plastique propre.

Est-ce que Chien le Bâtisseur s'est cogné la tête?
Il pleure et a une bosse.
Tu peux l'aider!

Aide-le à rester calme.
Préviens une grande personne.
Maintiens quelque chose de froid à l'endroit où il s'est cogné la tête.

Tortue le Coureur est asthmatique.
Lorsqu'il fait une crise d'asthme,
il a du mal à prendre son souffle et respire bruyamment.
Tu peux l'aider!

Aide-le à s'asseoir. Dis-lui de ne pas s'inquiéter.
Prends son inhalateur et aide-le à l'utiliser.
Préviens une grande personne!

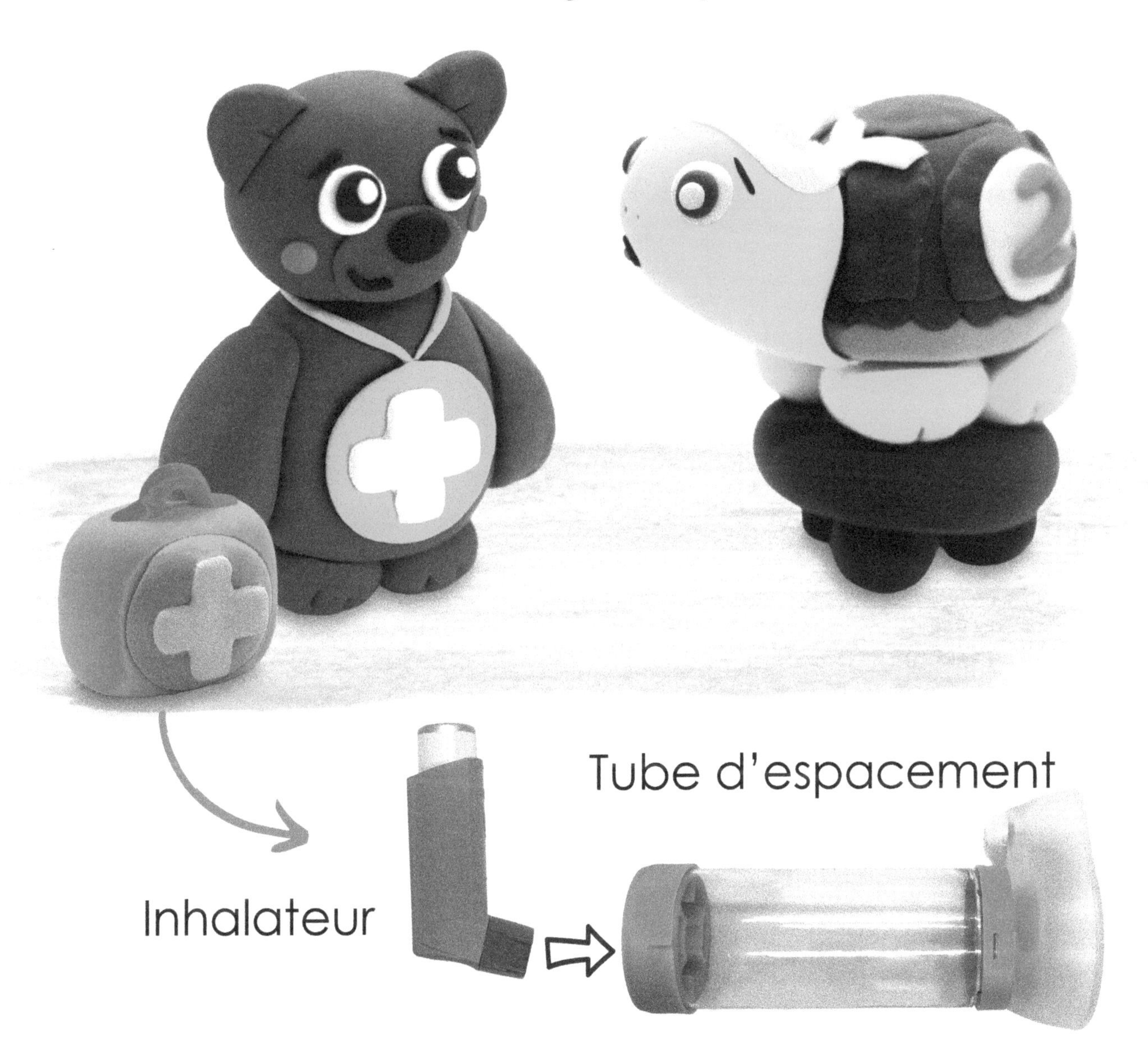

Certains animaux, certains garçons et certaines filles souffrent d'allergies. Les allergies peuvent nous faire sentir mal, c'est pourquoi nous essayons toujours d'éviter les choses auxquelles nous sommes allergiques.

Souris la Détective est allergique aux noix et aux chats.

Si tu as des allergies, dis-le à tes amis.

Ce fut un plaisir de te rencontrer et de
te montrer le travail des infirmières.
Rappelle-toi que tu peux aussi grandement aider!

Si tu as besoin de nous,
appelle au ______ pour une ambulance.

Nous sommes toujours là pour t'aider!

À propos de l'auteure

Marta Almansa Esteva est infirmière.
Elle a suivi une formation en soins infirmiers à Barcelone (Espagne)
et travaille dans un hôpital de Londres (Royaume-Uni).
Elle prend soin des bébés, des enfants et de leurs familles.
Vous pourriez la croiser alors qu'elle est occupée à aider
les petits et les plus grands, un pansement à la main!
Elle est maman d'une joyeuse petite fille et
a publié son premier livre pour enfants en 2020.

Crédit photo: RENE CHAN DIAZ PHOTOGRAPHY

À propos des personnages

Ourse l'Infirmière, Cochon le Peintre, Éléphante la Cheffe
et toute la bande ont été créés par Marta
avec de l'argile à modeler séchée.
Ils sont de bons amis et ils aiment s'entraider!
Veux-tu connaître un secret?
Toi aussi, tu peux créer tes propres personnages!

Crédit photo: RENE CHAN DIAZ PHOTOGRAPHY

CPSIA information can be obtained
at www.ICGtesting.com
Printed in the USA
BVHW011820220223
659020BV00006B/98